中国图像记

［英］毕晓普夫人◎著

马成昌◎译

中国文史出版社

出版说明

1840年，鸦片战争打开了中国闭关锁国的大门，大量外国人来华，或居住，或经商，或考察，或传教，或工作。他们中的很多人记录下了在华的经历和所见所闻所感。

翻阅这些浸染着岁月沧桑的文字，我们可以看到从一个别样的视角描述的中华辽阔的大地、壮美的山河、悠久的历史，当然，还有贫穷落后的社会和苦难深重的人民。我们选择其中"亲历、亲见、亲闻"性的文字及历史图片资料，比如裴丽珠女士的《北京纪胜》、利特尔先生的考察记《穿越扬子江峡谷》、乔斯林勋爵的《随军六月记》等等，编辑本丛书，以期为了解、研究近代中国提供助力。

这些异域的作者，由于不同的文化背景与生活背景，在给我们带来观察、审视近代中国别样角度的同时，也或多或少失之因缺乏对中国社会历史文化的深刻了解而产生误会与误读，甚至是偏见。虽然，本丛书重在采择"亲历、亲见、亲闻"的叙述性文字，对整章整节等大量议论、评价类文字进行了删节，但作者的观点和情感常常是渗透在文章的字里行间的，请读者在阅读过程中予以注意。

此外，有些作品中的地名、人名是作者根据当地百姓的口语发音记录下来的，时至今日已不可考，所以在翻译过程中只能根据语音翻译，特此说明。

编者

2018 年 8 月

前言

这本小书是与毕晓普夫人关于一些照片的谈话,这些照片是她游历中国时拍摄的。其中一些照片已经在她出版的作品《长江流域及以外地区》《朝鲜与她的邻国》(两卷本,默里出版公司)中出现过。这些照片的注释基本上都是由毕晓普夫人完成的。她希望这些笔记包含着这些人以及他们的生存环境与生活习惯的真实信息,尽管形式有些简单,但对于更好地理解一些较困难的问题可能会有帮助。

按照我们当今报纸的报道,中国人就是一群残忍的野蛮人。但根据毕晓普夫人的说法,当你熟悉他们的时候,他们是一群非常可爱的人。尽管中国人对外国人深恶痛绝,他们曾两次攻击毕晓普夫人,但夫人还是形成了这样一种看法。对我们来说,以不同的思维方式真正理解这些人是非常困难的,但我们不应通过接受所有负面新闻而对正面新闻充耳不闻的方式来敷衍这个问题。中国的问题在现在和将来都是世界其他国家最感兴趣的问题。中国人民的未来是完全未知的,但这个国家有可能会在未来的某一天,使其他国家大吃一惊。

目录

01　北京皇宫的秘密入口　/2
02　英国大使馆门口　/4
03　见习翻译学院门口　/6
04　英国使馆的公用马车　/8
05　通往四川首府成都雄伟的石头大道　/10
06　骡车　/12
07　东北人的家庭迁徙　/14
08　轿夫抬的轿子　/16
09　来到东北客栈的一位旅客　/18
10　运送货物　/20
11　运送油和酒的方式　/22
12　成都平原上的独轮手推车　/24
13　华北的独轮手推车　/26
14　长江上的小篷船　/28
15　在华中发现的一艘脚踏船　/30

16　长江上的险滩　/32

17　岷江急流中航行的一艘船　/34

18　万州江边的船　/36

19　福州的万寿桥　/38

20　万县的单拱桥　/40

21　四川绵竹的一座桥　/42

22　一座简陋的乡村小桥　/44

23　一座龙桥　/46

24　上海的九曲桥　/48

25　重庆乐善堂的花园　/50

26　一个义冢墓地　/52

27　福州的婴儿塔　/54

28　药瓶小贩和医院的病人　/56

29　要死了的小工　/58

30　中国南方的墓地　/60

31　放在地上的棺材　/62

32　奉天的文昌庙　/64

33　奉天的狐仙庙　/66

34　路边的土地庙　/68

35　菩提榕　/70

36　孔子的牌位　/72

37　祭坛　/74

38　长江边一座寺庙正门的瓷雕　/76

39 用筷子吃饭的儿童 /78

40 北京城墙上的炮台 /80

41 北京城墙上的另一个炮台 /82

42 北京城墙上的大型天文仪 /84

43 前门 /86

44 奉天的德胜门 /88

45 嘉陵府的西门 /90

46 杭州的西门 /92

47 紫禁城的一个城门 /94

48 缂丝 /96

49 一个房子的正门 /98

50 四川万县一个房子的客厅 /100

51 中国的一个村庄 /102

52 中国南方的客家农舍 /104

53 四川的一个集市 /106

54 修鞋匠 /108

55 挑水肥去田里 /110

56 婚轿 /112

57 携带钱和婴儿的方式 /114

58 一座贞节牌坊 /116

59 四川的两个士兵 /118

60 在四川被罂粟侵蚀的稻田 /120

中国图像记

01
北京皇宫的秘密入口

由于皇室成员非常神秘，因此，这是一个非常有趣的话题。紫禁城只有皇室成员及其随从才有权居住，这张照片是在紫禁城的城墙上拍摄的。中央这座铺着黄色瓦片的建筑应该是皇帝的住所，但皇帝实际上住哪儿却是一个谜。皇宫的入口是左边穿过这座建筑的拱门。

北京皇宫的秘密入口

02
英国大使馆门口

英国大使馆是一个装修很好的旧宫殿，它本属于一个皇室成员。这张照片显示的是一个庭院的门口。使馆非常宽敞，包括好几个庭院，而且每个庭院的周围都有建筑。照片上的建筑物非常精美，上面镶着金色和彩色的漆器。这座建筑最近遭到了一些中国人的进攻，进攻者企图杀死这里所有外国人，包括与克劳德·麦克唐纳爵士一起避难的各国欧洲使节。

英国大使馆门口

03
见习翻译学院门口

见习翻译都是一些年轻的英国人,他们进入学院是为在领事馆工作做准备。18岁时他们必须通过入学考试,得到与驻中国领事馆相关的职位。所有的驻中国领事都来自这个学院。它位于大使馆内,照片右边的建筑物就是这个学院。

见习翻译学院门口

04
英国使馆的公用马车

实际上,中国几乎没有运输道路,所以也就没有实质上的交通工具。这种粗糙的、硬邦邦的、由一些牲畜拉的车是使馆唯一的交通工具。

英国使馆的公用马车

05
通往四川首府成都雄伟的石头大道

  这条路建于一千多年前，建造时一定是一项巨大的工程。它是用大约八英尺长、四英尺宽的石板铺成的，并且在两旁栽上了雪松。像中国大多数事物一样，这条路现在已经很难修复了。尽管有很多地方的石板已经没了，但它仍然是官员们关注的对象。每一年都有一些地方官员检查它，数一数松树的棵数，每一棵树都被盖上国家的印章。许多树都已经死了，但还有一些树活着，它们在路边长得非常繁茂。

通往四川首府成都雄伟的石头大道

06
骡车

中国北方有一个叫东北的地区，那里有一种车，在车的后面装载行李。这种车的构造和使馆的公务马车非常相似，完全没有弹簧。这是唯一能在这样一个没有路的国家使用的运输工具。它采取了防止骨折的一切安全措施，将整个内部、底部、顶部和侧面都用垫子垫上。毕晓普夫人不幸被扔到了车的顶部，只走了三英里的路，她的手臂就骨折了，头也被严重撞伤。之所以这样，是因为车的顶部没有垫子。

骡　车

07
东北人的家庭迁徙

虽然骡车在东北家庭迁徙中对身体乃至生命都有危险，但它仍然是当地人一种较流行的迁徙工具。穷人骑着驴，他们的财物就是以照片中的方式悬挂的。

东北人的家庭迁徙

08
轿夫抬的轿子

  这个国家几乎没有我们所熟悉的那种道路。每一寸土地都要种上庄稼,农民对从他田里挤出哪怕一两英尺的土地都很不情愿。在这种情况下,普遍采用的客运方式是轿子和轿夫这种情况就很好理解了。狭窄的道路是最大的麻烦。当两组轿夫互相接近时,一方就会向另一方喊叫着给让路;但当双方都走近时,一个人必须下轿或被抬到两边的泥地里。当一个人是外国人时,他肯定会进泥地里。

  轿夫们是一群耐心而坚韧的人,他们在泥泞而崎岖的道路上任劳任怨、毫无怨言地干着自己的活。他们抬着旅行者每天能走20到25英里。当一位女士坐在轿子上时,轿门就紧紧关上了。如果开着轿门走的话她会冒很大的生命危险。这里有很多与上轿、下轿相关的礼仪,明智的旅客向来不会忽视这些规矩。这张照片是一位女士的轿子。

轿夫抬的轿子

09
来到东北客栈的一位旅客

搬运旅客行李的方式多种多样。有时它被挂在抬架的中央抬着,就像旅客的轿子被抬起来一样。更多时候是包裹被挂在一个杆子的两端,放在小工的肩膀上。不断交替肩膀是很必要的,在一段旅程中适时停下来交换一下肩膀是件很重要的事情。这是一份艰苦的工作,小工的肩膀由于经常扛重物而生了硬结。照片显示的是毕晓普夫人和她的行李在走了一天后到了这里。

来到东北客栈的一位旅客

10
运送货物

我们可以看到，两个小工通过这两个杆子能够承载很大的重量——能抬起200磅重的货物。他们抬着这么重的货物一天能走20到25英里。轿夫和拿行李的随从一天也走这么远的路，但他们的负担没这么重。

运送货物

11
运送油和酒的方式

在柳条编织的篮子里衬上非常坚韧的油纸来运送油和酒，这在很多地方都广泛使用。这种油是从各种"油籽"中榨出来的，通过浸渍竹子制成坚韧的纸。在篮子下面我们会看到一个很长的圆柱体。这是小工的钱包，里面装着他的"现金"，就是这个国家的小铜板或铜币，它的价值很小，九磅重的铜板只值一个英国先令。

运送油和酒的方式

12
成都平原上的独轮手推车

这片拥有 2500 平方英里土地和 400 万人口的成都平原，也许是世界上最适合耕种的丰饶之地。它的肥沃应归功于两千多年前（公元前 250 年）的两位工程师，他们设计完成了这个最完善的灌溉系统。他们是家喻户晓的李冰父子，中国数一数二的知名人士。这片土地一年可种四茬作物。由于物产丰富、人口众多，运力非常繁忙，因此主要依靠这种独轮手推车运输。这种车采用把轮子放在中间，把平台放在两边和后面的设计方式，这样可以使一个人轻松推动 500 磅重的货物。平原狭窄的道路上几乎满是看不到头的独轮车队伍，这种车除了后面有一个人推以外在前面还有一个人拉。

成都平原上的独轮手推车

13
华北的独轮手推车

这是在整个国家广泛使用的另一种运输工具。它比成都平原上的独轮车大得多，但制造原理是一样的，一个人用它可以推半吨重的东西。这种车非常适合这个国家狭窄的道路。

华北的独轮手推车

14
长江上的小篷船

尽管中国的陆路交通状况不尽如人意，但是它还有水路交通，利用河流和运河成为了中国主要的交通手段。中国幅员辽阔，游客们不得不花大量时间往返于各地，所以船上必须提供住宿。当然，住宿条件非常简陋。照片中的船就是旅客可以租用的一只小船。晚上的时候席子做的船顶就移到开放的部分。白天的时候这个开放空间被船夫占据着。到了晚上，他们蜷缩到被子里就睡在那里。中国没有隐私，只有好奇。尽管你已经租了这条船，但船上没有哪个部分是只属于你的；船夫们进出船舱而从不考虑你的感受，尽管你认为这是你的空间。毕晓普夫人在她的小木屋周围挂起窗帘，遮住那些窥探的眼睛，尽可能实现她独处的愿望。

长江上的小篷船

15
在华中发现的一艘脚踏船

　　这艘船的双桨是靠脚蹬而不是靠手划。船舷雕刻美丽并涂上了漆，船顶用席子搭建以防止日晒和雨淋，这是船上普遍的防护手段。

在华中发现的一艘脚踏船

16
长江上的险滩

　　这条河的多处险滩催生了一个具有众多人数的职业，也就是纤夫。他们的工作是拖拽那些逆流而上途经这一湍急危险水域的船只。这些人住在河岸上尽可能靠近水边的小屋里。照片左边就是他们住的一些小棚屋，在照片的最左边，几乎太小看不见，有400个纤夫在拖一艘船。长江上每段险滩的上游与下游都有一艘或多艘"红色救生船"，而最有效率、最令人尊敬的救助组织就是慈善协会（全国的一个慈善组织），它们帮助那些遇到困难的船员。船只在航行过程中经常遭到破坏，"红色救生船"在因险滩造成的事故中挽救了许多外国人的生命。

长江上的险滩

17
岷江急流中航行的一艘船

岷江，也叫福河，是长江上游的一条支流，但它本身就是一条大河。在这艘船的四个帆中，最低的那个是竹子做的，晚上放下来能够保护船夫和他的家人。该船的特点是船头较高，以阻挡泥岩和急流。

岷江急流中航行的一艘船

**18
万州江边的船**

照片说明了长江的巨大运力。岸边的船只一个挨一个,沿着河岸延伸达两英里,这充分证明万县贸易的繁荣。

万州江边的船

19
福州的万寿桥

　　一个拥有众多水运的国家一定是一个拥有众多桥梁的国家。中国桥梁的美丽对旅行者来说是一个惊喜。照片中的直桥是建立在巨大的石头桥墩上的。桥面由砖铺成，长约三十英尺。栏杆与桥面都是坚固的石头。这是中国桥梁的最古老形式，照片中的桥是中国最古老的桥之一。

福州的万寿桥

20
万县的单拱桥

当旅行者通过水路旅行时，通过一条水道就可以进入城镇或村庄，每一座桥下的拱门几乎都是 15 英尺到 30 英尺高，并呈现出极其优美的形状。这些桥是由多块切割成曲线的花岗岩构成，由一段台阶通向拱顶。照片清晰地显示出台阶通往拱顶的房屋。一座极其宏伟与美丽的桥。

万县的单拱桥

21
四川绵竹的一座桥

当一个富人或一个富人的商铺想要造福他们的省份时，让他们慷慨造桥是一件很平常的事。这座桥就是这么建的。它无论在形式上还是颜色上都非常漂亮。屋顶由绿色的瓦片铺就，里面衬着深红色的漆，并用金色镌刻着捐赠者的名字。

四川绵竹的一座桥

22
一座简陋的乡村小桥

这座桥是在四川的一条支路上发现的，用瓷砖做顶的木结构，这是一种来自瑞士的风格，可以保护小桥免受风雨的侵蚀。

一座简陋的乡村小桥

23
一座龙桥

这是石桥的一种常见形式,每个桥墩的上方都镌刻着一条龙。

一座龙桥

24
上海的九曲桥

它的名字代表了它的特点。它使整个水域分成九段，进而造就了这个上海最著名的茶楼，可能也是中国最时尚的茶楼。它是高级官员和上层人士的娱乐场所。里面从来看不到女人，它们只属于男人。实际上女性在公共场合是很少见到的。缺少女性元素是中国生活中的一个显著特征。

上海的九曲桥

25
重庆乐善堂的花园

中国是一个拥有众多行会的国家。所有工人和商人都有他们的行会。但有两个例外：挑水夫和纤夫，唯独这些人没有自己的行会组织。这些行会或工会就像我们在这个国家所知道的任何事情一样，非常健全有效。他们最关心的是自己产业的利益。行会处处影响着人们的生活。中国众多的慈善机构都是由这些行会组织的。也许这里没有多少个人的慈善与仁爱，因此把这些事情交给行会比较安全。这里几乎没有一个城镇拥有一定规模的慈善组织。为生者提供衣食，为死者提供棺材和葬礼，医院、免费药房、孤儿院、救生船以及其他的慈善活动都是由这些慈善行会组织的。

重庆乐善堂的花园

26
一个义墓墓地

　　这是一个带有寺庙的墓地,它以各种神圣仪式来埋葬那些死去而没有亲友的人。对于一个中国人来说,葬礼是他一生中最重要的事件。我们根本不能理解一个体面的葬礼对他来说意义有多大。他一辈子总在考虑、安排葬礼这件事。这就不难理解为什么中国慈善事业的大部分工作都与葬礼联系在一起。能够被体面地埋葬几乎是每个中国人最大的希望和目标。

　　这个墓地与它的葬礼仪式是一个慈善行会的活动。

一个义墓墓地

27
福州的婴儿塔

当一个婴儿夭折了，而他的父母又太穷，以至于不能给他一个体面的葬礼，他们就把可怜的小尸体扔进这个塔的其中一个开口。一个慈善行会每隔两三天就会负责清理这座塔，并用适当的宗教礼仪将婴儿埋葬。

福州的婴儿塔

28
药瓶小贩和医院的病人

英国和中国的医院显然有许多共同之处。在英国长老会汕头医疗团的医院内部,病人买药瓶小贩的瓶子,就像他们是盖伊医院的病人或圣巴塞洛缪医院的病人一样。在史密斯菲尔德每天都有这样的事情发生。这里提到的这种特殊"医疗传教"医院在东方几乎是最大的。在紧张的时候它能容纳400个病人,并且在疾病的治愈率上它是世界上最成功的医院之一。

药瓶小贩和医院的病人

29
要死了的小工

照片里的人是给毕晓普夫人拿东西的一个小工，他在路上病倒了，尽管很多天以来他一直有同伴，但当他病倒时，他们并没有照顾他。毕晓普夫人不怕费事弄湿一个手帕放到那个"不再有用"的病人的额头上，这一举动却遭人嘲笑。

要死了的小工

30
中国南方的墓地

一个马蹄型的石构造墓地坐落在南向的一个山坡上。这种基地的设计形式与伊特鲁里亚人所采取的形式非常相似。

中国南方的墓地

31
放在地上的棺材

中国人对自己的葬礼是非常在意的，以至于葬礼的日期与地点要等到风水先生决定后才能进行。有时候装着囚犯的棺材会在地上放数月甚至数年，以等待风水先生找一个吉利的日子下葬。在这种情况下，死者的亲友们会细心关照，每天在棺材前烧香。在四川的旅途中，毕晓普夫人不得不在一个满是棺材的房间里寄宿，这些棺材在等待吉日以进行下葬、烧香以及其他宗教仪式。这对她来说是很平常的事。为了防止因尸体放在地上时间过长而造成损害，棺材用非常厚的木头做成，将尸体放在石灰上，将棺材的连接处黏起来，并在整个棺材上涂上清漆。

放在地上的棺材

32
奉天的文昌庙

奉天是中国北方奉天省的首府。在中国的每个省，文神（文昌帝君）在众神中具有至高无上的地位。有趣的是，武神的地位却很低，尽管在中国像在其他国家一样，妇女们一直对他非常崇拜。世界上没有哪个国家像中国这样把文化教育看得如此重要，通过这种文化教育最贫穷的人可以爬到国家的最高职位。没有其他方式能帮助一个人获得这个国家文官的职位。对文神的崇拜俨然成为一种迷信：社会上有收集废纸的习俗，人们把废纸放到每个城镇的熔炉里焚烧，以防止任何文字遭受践踏。

奉天的文昌庙

33
奉天的狐仙庙

奉天的另一座庙是高官们常去的地方,它们坐落在城中心。这座庙靠近已经残破的城墙,生长的树根使墙皮脱落在地上,没人去管。这是一个极好的例子,说明在中国一切事情都任其朽坏。中国人愿意做新东西,而很少修旧东西,因此经常可以看到腐朽的一面。

奉天的狐仙庙

34
路边的土地庙

全国各地都有这种通常称为"神道小庙"的东西。每个庙中都供着一个神仙。这是一个非常有趣的现象，类似于在欧洲的天主教国家随处可见的神殿与路边十字架。

路边的土地庙1

路边的土地庙2

35
菩提榕

　　这种树分布于中国南部与中南部各省的每个村庄。它的叶子能遮蔽一大片地面。这种树本身就是一种崇拜，它下面总有一个用来烧香的祭坛。

菩提榕

36
孔子的牌位

有官府的地方一般就有一座孔庙，官员们以此来尊奉与纪念这位伟大的导师，牌匾上刻着一些与他有关的箴言。这位圣人通过他的教导支配着占世界几乎一半人口的法律、教育、文化和社会生活长达两千年之久。这些庙宇对外国人来说绝对是禁地，而旅行者是在进去之后才知道的。她发现里面没人，便拍了这张照片。

孔子的牌位

37
祭坛

一张福州市区外露天祭坛的精美照片。

祭 坛

38
长江边一座寺庙正门的瓷雕

中国制造陶瓷已经有十几个世纪的历史。一个有趣的事实是，我们自己的伍斯特陶瓷的存在，可能就是因为一位化学家想在英国生产类似中国陶瓷的结果。在中国的四川省，许多寺庙都有这种陶瓷的前廊和屋顶。它们的颜色非常漂亮，看起来像是用宝石装饰着。

长江边一座寺庙正门的瓷雕

39
用筷子吃饭的儿童

中国人吃很多西方人不喜欢或不知道的东西。他们通常都是很好的厨师，而且烹饪出来的食物都很健康，蒸是最受他们欢迎的烹饪方法。大米是百姓生活的支柱，人们把它就着炒白菜或其他可口的菜来吃，很少单吃米饭。吃米饭是非常普遍的事情，以至于像法语的"你表现怎样?"相当于"你好吗?"一样，意大利语的"你近况如何?"相当于汉语的"你吃饭了吗?"。

用筷子吃饭的儿童

40
北京城墙上的炮台

城墙是这个国家的一大特色。照片显示的是位于北京城墙拐角处的一个炮台，有趣的是炮眼中的炮是假的，是用原木画成的。买真炮的钱可能落入了被委任购买炮台军备官员的腰包。

北京城墙上的炮台

41
北京城墙上的另一个炮台

炮台里堆满了加农炮,这些旧炮虽然毫无用处,却仍放在那里,由于废弃和生锈而满是蜂窝眼。

北京城墙上的另一个炮台

42
北京城墙上的大型天文仪

尽管这些天文仪已经有数百年历史了，但这些青铜铸件仍被认为是世界上最好的天文仪器。这些天文仪的测量结果与天文学家们用现代仪器所测得的结果差别很小。

北京城墙上的大型天文仪

43
前门

也许这个国家最有趣、最引人注目的特色就是它的城门，它们之间有一种相似性。城楼通常建在有大门穿过的城墙上，但它不只是一个城楼，里面放着锣和其他的一些乐器，以此通告人们太阳升落的时间。这是日本人在最近一次攻城时炸毁的大门，它是北京最大最重要的城门。

前 门

44
奉天的德胜门

奉天省首府奉天是中国的陪都,它具有与首都北京相同的行政组织。因此,奉天也拥有与北京相同的各种宗教、礼仪和刑事委员会等。靠近奉天的是满洲皇陵。

奉天的德胜门

45
嘉陵府的西门

这是进城最美的入口。这些大门在日落时关闭，在日出时打开，会通过锣和其他乐器让人们知道开关的时间。

嘉陵府的西门

46
杭州的西门

杭州是对外国人最友好的城市之一，在城里从来没听过有人骂"洋鬼子"。人们都知道与外国人的贸易给他们带来很多利润，以及传教士们都在努力改善医院里穷人的境况。杭州是丝绸之路的中心。这个拥有70万人口、主要街道有5英里长的城市，周围环绕着一面石墙。就像照片中显示的那样，城墙有许多这样的大门。从上海的外国人定居点到这个通商口岸需要两天的旅程。

杭州的西门

47
紫禁城的一个城门

杭州离通商口岸只有两英里，但人们相信，与杭州相比，没有一个外国人敢莽撞进入这个城门。虽然这个城市的秩序很好，但它对外国人的仇恨和憎恶，意味着进入这里的外国人可能会死亡。对外国人的仇恨是这个国家非常明显的特征，然而没有人能说出这种仇恨是如何产生的。虽然有人认为是因为西方国家试图强迫该国开放口岸并侵占他们的一些领土，也有人认为是因为传教士的到来引发了对立和仇恨，但这并没有引发暴行。中国人的观念是，外国人是一种吃小孩的怪物，当他们来的时候没有一个小孩是安全的，他们会杀死这些孩子，并用孩子的眼睛和心脏去制药。这种观念已经根深蒂固，以至于当有人喊"外国人"来了时，女人们出于安全考虑会飞快地跑到街上把孩子们带回家。中国人把外国人称作"洋鬼子""吃人怪物"，这可能类似于中欧和南欧居民对犹太人的排斥，他们认为犹太人会杀掉孩子并用他们的血献祭。

紫禁城的一个城门

48
缫丝

杭州是丝绸之城，也是一个富庶的城市，对外来者谈论的每件事情都与丝绸有关。这个城市被桑树覆盖着，这些桑树生长在每一个可以利用的地方。这里有成千上万台手工织布机，如照片中所显示的，丝从蚕茧中抽出来，缠成一根线，然后扔进一锅由小火炉保温的沸水中。线的两端从蚕茧中分离出来，四五根线被人用右手拧在一起，而左边的线则在车轮上。这只是第一步，也是所有丝绸制作的基础。

缫丝

49
一个房子的正门

　　这所房子位于东北的奉天。主房的周围都是庭院，外面的建筑里有仆人的房间。他们住在庭院周围，主人们则住在中间的房子里。在外面的墙上可以看到仆人们房间的窗户。木头梁柱装饰精美，庭院里有一个花坛。将这栋简单的房子和英国公使馆作比较，我们就会发现后者只不过是普通房子的放大，外加主房的周围庭院数量更多而已，但建筑原则是一样的。

一个房子的正门

50
四川万县一个房子的客厅

　　每个好房子都有客厅，每个应邀而来的客人都知道他在房子里应该坐哪儿。一个中国人在外国人的房子里会很不舒服，因为他不知道他应该坐在房间的什么位置。礼仪规定了中国的一切，无论来访者是谁，他都知道该坐哪把椅子。无论谁在场，他都不会感到不安和焦虑。当主人让他们喝茶或者吸烟时，他们就像在自己家一样享用它们，主人和客人都会感到轻松。

四川万县一个房子的客厅

51
中国的一个村庄

这个村庄位于岷江或福河边上，此河在这里流入长江。其黑白照片让人想起瑞士和提洛尔。这个村庄并不缺乏有序的组织。每个村庄都是由一个或多个家庭及其中的族长组成，族长都是地方上有威望的人物。家庭是一切的中心，其成员被强大的关系网联在一起，家庭对个人负责。人民有自治的能力，每个村庄都是自治的，它们有一些别人不能干涉的特权。

中国的一个村庄

52
中国南方的客家农舍

这是父权制的一个例子。当儿子结婚并把妻子带回家时，也就意味这里成了她的家，即他把她带到他父亲的家里；但这需要在原来的房子中增加一个新的间壁墙，而多出来的房子就是给新家庭用的。这一习俗在今天的意大利和欧洲其他地方也存在着。

中国南方的客家农舍

53
四川的一个集市

这是在中国长江流域西部的四川省，各种买卖在市场街上进行。在集市上，街道挤满了成千上万的人，茶馆和其他店铺也挤满了人，酒馆里的喧闹声震耳欲聋。这些店铺通常归附近的农民所有，在集市日供商家使用，在非集市日这些店铺就像被遗弃的村庄一样。正像照片中看到的，除了看守人和他的家人以及猪、狗、牛外，没有其他人。这个建筑的右边是一座庙。

四川的一个集市

54
修鞋匠

在中国修鞋匠是一类非常重要的人，但他只修男鞋。女人们穿的是小缎子或带花纹的鞋，而这些大都是由她们自己来做或自己修补。鞋子有两三英寸长，在田里辛勤劳作的妇女的脚从不会大到四英寸长。中国女性裹脚的做法是非常古老的。虽然这只是一种生活方式，但它却是一种带有强制性的古代习俗。如果一个女孩的脚是正常形状，那么她将无法结婚。这种裹脚的做法很小的时候就会开始——通常是在四五岁的时候，尽管有时会被延迟到稍晚的时候，但那个过程会更加痛苦。大脚趾叠在脚的上面，其余四个脚趾叠在脚的下面。当被绑在一起时会形成弯脚或马蹄脚。尽管畸形，但女人们还是要走路。在西方人看来，这样的动作像是蹒跚而不是走路。

修鞋匠

55
挑水肥去田里

在四川广袤而肥沃的平原上，人们每年从田里可以收获四茬庄稼，这是一项庞大的农务作业。中国人不想有任何的浪费，一切都必须重归于大地。我们试图通过耕种不同的庄稼来避免耕地退化的问题，而在中国，相同的农作物已在同一块土地上种植了数千年，也没有出现任何土地退化的迹象。

挑水肥去田里

56
婚轿

在中国，上流社会的新娘会坐着花轿被抬到丈夫家里去。花轿非常漂亮，配上丝绸和色彩鲜艳的刺绣则显得更加华丽。人们并不都是富裕到能拥有自己花轿的程度，但在结婚这样的场合都会去租用。在中国，大多数人家都会这么做。如果一位母亲去世了，村里的奶娘们会负责养育这个孩子，直至孩子三到五岁才断奶。中国的妇女们质朴、热情，时时刻刻按照她们的传统观念做一个忠贞的好妻子和好母亲。在四川，没有遗弃、杀害婴儿的现象，但这个国家的很多地方都有这样的情况发生。

婚 轿

57
携带钱和婴儿的方式

在旅行中携带钱是件很麻烦的事，由于其价值小，那么就有必要将数量众多的硬币或现金串在一起。将英国的 18 先令兑换成铜钱，它们的重量达 72 磅，这就不得不让小工来搬运。这些钱的中心有一个正方形的孔，被一起串在一根草绳上。如果草绳断了的话，那么捡钱所花的费用比丢的钱还要多。中国人很实在，非常热衷于讨价还价，但是当价钱敲定后他们就会认可这个价钱。

携带钱和婴儿的方式

58
一座贞节牌坊

　　这些牌坊通常是石头构造且雕刻精美，或用高档木头装饰。通常要穿过一连串的牌坊才能进入一座城镇。非常好的牌坊往往建在非常破败的村庄入口。这些建筑物用于褒扬那些让人尊敬的遗孀，她们对于丈夫忠贞不渝，仍选择孤身一人辛勤劳作并侍奉公婆，这是每个好妻子的重要义务。建造这些牌坊是经过皇帝恩准的。各个城镇和村庄都会以他们的贞节牌坊为荣。通常在牌坊旁边总能找到烧香的祠堂。

一座贞节牌坊

59
四川的两个士兵

这些士兵通常着装独特但不实用，可以说近乎怪诞，衣服的颜色由中国人钟爱的淡红色和流行的蓝色组成。他们拿着扇子和常用的纸伞。他们缺乏训练、好逸恶劳，经常游走于城门口或大街上赌博、抽烟。他们抱怨自己没事可做。

四川的两个士兵

60
在四川被罂粟侵蚀的稻田

四川庞大的灌溉系统本来是用于水稻种植的,但鸦片需求的激增、罂粟种植面积的扩大正在侵蚀大片稻田。

这可能是关于中国未来最让人悲哀和可怕的事实。

吸食鸦片是近些年才有的,但这种嗜好的发展和传播简直太快了。

起初,当地政府官员极力禁止和破坏罂粟种植。尽管出台法律对罂粟种植进行处罚,但直到有一两个人口较为稠密的省份有80%男性和50%女性都吸食鸦片时,这样的法律便形同虚设了。他们并非都过量吸食,那些适量吸食者就同适量饮酒者一样;但整个四川售卖鸦片的商店就如同伦敦下层社会的酒馆那么密集。

其实没有必要去夸大肆意吸食鸦片的严重后果,因为这已经众所周知了。中国唯一的希望就是让其子民从吸食鸦片的恶习中解放出来,但是她能做到吗?

在四川被罂粟侵蚀的稻田

图书在版编目（CIP）数据

中国图像记／（英）伊莎贝拉·伯德·毕晓普著；马成昌译著．—北京：中国文史出版社，2018.7

ISBN 978－7－5205－0471－3

Ⅰ．①中… Ⅱ．①伊… ②马… Ⅲ．①中国历史—清后期—摄影集 Ⅳ．①K252－64

中国版本图书馆 CIP 数据核字（2018）第 210580 号

责任编辑：	李军政
出版发行：	中国文史出版社
社　　址：	北京市西城区太平桥大街23号　　邮编：100811
电　　话：	010－66173572　66168268　66192736（发行部）
传　　真：	010－66192703
印　　装：	北京地大彩印有限公司
经　　销：	全国新华书店
开　　本：	710×1020　1/16
印　　张：	8.25
字　　数：	36千字
版　　次：	2019年1月北京第1版
印　　次：	2019年1月第1次印刷
定　　价：	39.00元

文史版图书，版权所有，侵权必究。

文史版图书，印装错误可与发行部联系退换。